Sitzungsberichte
der Akademie der Wissenschaften
der DDR
Mathematik – Naturwissenschaften – Technik

3N

1979

Werner Lange

Rohstoffprobleme – Strategie und Planung

AKADEMIE-VERLAG · BERLIN

Sitzungsberichte
der Akademie der Wissenschaften
der DDR
Mathematik — Naturwissenschaften — Technik

Jahrgang 1979 · Nr. 3/N

Werner Lange

Rohstoffprobleme - Strategie und Planung

AKADEMIE-VERLAG · BERLIN
1979

Vortrag von Werner Lange, Ordentliches
Mitglied der Akademie der Wissenschaften
der DDR, gehalten anläßlich des Leibniz-Tages
der Akademie der Wissenschaften der DDR
am 7. Juli 1978

Herausgegeben im Auftrage
des Präsidenten der Akademie
der Wissenschaften der DDR
von Vizepräsident Prof. Dr. Heinrich Scheel

Erschienen im Akademie-Verlag, 108 Berlin, Leipziger Str. 3—4

Lizenznummer: 202 · 100/182/79
Gesamtherstellung: VEB Druckhaus Köthen
Bestellnummer: 762 742 5 (2010/79/3/N) LSV · 0305
Printed in GDR
DDR 3,– M

Die Aufgabe, die Volkswirtschaft eines Landes mit den notwendigen Rohstoffen zu versorgen, ist zu einem zentralen Problem der Politik, der Wirtschaft und der Technik geworden. Das Thema ist im Prinzip nicht neu. Bereits Jahrhunderte vor unserer Zeitrechnung sind Rohstoffprobleme diskutiert worden. Bei genauer Betrachtung der damaligen Situation wird dies verständlich, bestand doch schon im 4. Jahrtausend vor unserer Zeitrechnung ein ausgedehnter Fernhandel mit Zinnerzen für die Herstellung von Bronze. Das Rohstoffproblem hat allerdings in unserer Zeit Dimensionen angenommen, die alle bisherigen Rohstoffsorgen in den Schatten stellen. Es hat weltweite Bedeutung und wird weltweit diskutiert. Die Zahl der zum Teil einander widersprechenden Äußerungen zu den anstehenden Problemen ist kaum noch überschaubar. Ein weiterer Beitrag kann daher nur dann sinnvoll sein, wenn er dazu beiträgt, aus einem Überblick über das gesamte Gebiet heraus Ansatzpunkte für ein besseres Verständnis zu finden. Ein solcher Versuch soll mit den folgenden Ausführungen für das Gebiet der mineralischen Rohstoffe unternommen werden.

Auf dem 8. Weltbergbaukongreß wurde in einem Vortrag [1] untersucht, ob die weltweiten Kupfer- und Aluminiumvorkommen ausreichen, den Weltbedarf bis zum Jahr 2000 zu decken. Diese Zielstellung der ernst zu nehmenden Untersuchung ist Ausdruck der Tatsache, daß bereits heute dringend notwendige längerfristige Betrachtungen des Rohstoffproblems kaum vorgenommen werden. Wäre dies der Fall, dann würde eine Betrachtung über 3 Jahrzehnte wesentlich an Interesse verlieren.

Mit der Aussage eines Wirtschaftsexperten eines großen Metallkonzerns [2], daß „letztlich die Unterscheidung von regenerierbaren und nichtregenerierbaren Rohstoffen ein grundlegender geistiger Fehlansatz“ ist, wird schließlich demonstriert, daß bei Urteilen, die aus einer augenblicklichen Interessenlage abgeleitet sind, die Dinge auf den Kopf gestellt werden. Die Betrachtung zu kurzer Zeiträume ist eine der Hauptquellen falscher Einschätzungen und Entscheidungen.

Weiterhin ist festzustellen, daß sich spezielle Untersuchungen zum Rohstoffproblem mit Weltvorräten, mit dem Einfluß des technischen Fortschritts auf die

Nutzbarkeit der Lagerstätten und der Rohstoffe, mit der mutmaßlichen Entwicklung des Bedarfes und ähnlichen Fragen, auch mit den Problemen der Sekundärwirtschaft befassen, daß es aber wenig Untersuchungen zum gesamten Komplex der Rohstoffwirtschaft gibt. Zu diesem Komplex gehört auch, was mit den Rohstoffen und den daraus hergestellten Materialien geschieht und wie, d. h. mit welcher Effektivität sie im Rahmen des langfristigen zu sehenden volkswirtschaftlichen Reproduktionsprozesses genutzt werden. Speziell diese Faktoren gewinnen für die Lösung aller Rohstofffragen immer größere Bedeutung. Die Schlußfolgerung ist, daß nur eine auf die Betrachtung langer Zeiträume und aller wesentlichen volkswirtschaftlichen Zusammenhänge orientierte Rohstoffpolitik die Möglichkeit gibt, die anstehenden Probleme verantwortungsvoll zu lösen und damit nicht nur für die eigene, sondern auch die nachfolgenden Generationen zu sorgen.

Ein die Rohstoffpolitik wesentlich beeinflussender Faktor ist die Tatsache, daß die einzelnen Rohstoffe territorial sehr unterschiedlich verteilt sind. Dadurch wird verständlich, daß Rohstoffprobleme zu einer zentralen Frage der Politik geworden sind, auf die unterschiedliche Gesellschaftsordnungen unterschiedliche Antworten finden. Die Kolonialreiche unseligen Angedenkens und die aktuellen Ereignisse in Zentralafrika zeigen den alten Weg und eine neue Variante der Ausbeutung und Unterdrückung, deren Ziel in erster Linie die Sicherung des Zuganges zu Rohstoffen ist.

Die sozialistischen Länder gehen einen anderen Weg, der im Komplexprogramm des RGW als eine neue Form der Zusammenarbeit sichtbaren Ausdruck gefunden hat. Er begann mit der Oktoberrevolution. Erwähnt sei der Vorschlag Lenins [3], die Akademie der Wissenschaften mit der Ausarbeitung eines Planes für die Reorganisation der Industrie und den ökonomischen Aufstieg Rußlands zu beauftragen. Im Entwurf zu diesem Plan fordert Lenin u. a. eine möglichst vollständige Eigenversorgung mit allen wichtigen Rohstoffen und besonders große Aufmerksamkeit für die Elektrifizierung. Dieser neue Weg findet heute seinen Niederschlag auch in den Beschlüssen zur Entwicklung der Volkswirtschaft der einzelnen sozialistischen Länder. Im Beschluß des IX. Parteitages der SED zum Fünfjahrplan für die Entwicklung der Volkswirtschaft der DDR in den Jahren 1976—1980 [4] werden Aufgaben der Erweiterung der Rohstoffbasis und der Entwicklung und Rationalisierung der Grundstoff-, Werkstoff- und Materialbasis sowie der Verarbeitungsprozesse als Hauptrichtungen der wissenschaftlich-technischen Arbeit genannt.

Zur Charakterisierung des Standes der Diskussion zu Rohstoffproblemen sollen die wichtigsten und am häufigsten diskutierten Argumente genannt werden. Sie sind, jedes für sich genommen, einleuchtend und enthalten zum Teil triviale, aber auch einander widersprechende Aussagen.

— Der Bedarf an Rohstoffen ist im Zusammenhang mit der industriellen Entwicklung vor allem im Laufe der letzten Jahrzehnte so stark angestiegen, daß bei weiterem Wachstum die nutzbaren Vorräte nicht mehr für die Bedarfsdeckung ausreichen.

- Vor allem die Länder, die am Anfang der Industrialisierung stehen, werden zu einem weiteren starken Anstieg des Bedarfes an Rohstoffen beitragen.
- Der Überblick über Zahl und Größe der nutzbaren Lagerstätten ist unvollständig. Die Erkundung von Lagerstätten ist teuer und erfordert einen immer höheren Aufwand. Erkundungen werden daher vorwiegend nur zur Sicherung der Versorgung für wenige Jahrzehnte durchgeführt. Ein vollständiger Überblick über die tatsächlich vorhandenen Vorräte hat also nie bestanden.
- Die Qualität der zur Verfügung stehenden Lagerstätten nimmt ständig ab, sei es durch geringere Gehalte an nutzbaren Mineralen und zunehmende komplexe Zusammensetzung, durch größere Teufe oder ungünstige territoriale Lage. Andererseits hat die wissenschaftlich-technische Entwicklung auch Möglichkeiten zur besseren und rationelleren Gewinnung und Verwertung dieser Rohstoffe und zur intensiveren Nutzung der daraus hergestellten Werkstoffe und Materialien gegeben.
- Anforderungen an Werkstoffe können von verschiedenen Werkstoffen bzw. Werkstoffkombinationen, technische Bedürfnisse durch unterschiedliche Funktionsprinzipien gelöst werden. Dadurch ergeben sich vielfältige Möglichkeiten der Material- und Erzeugnissubstitution und damit der Anpassung an die gegebene Rohstoffsituation.
- Bei den Werkstoffen wird ein wachsender Anteil nach erfolgtem Einsatz bzw. nach Verschleiß der daraus hergestellten Erzeugnisse wieder nutzbar gemacht, so daß ein für die Versorgung immer bedeutungsvollerer Kreislauf von Sekundärrohstoffen entstanden ist.

Jede These enthält eine richtige Aussage. Aber jede Überbetonung oder gar Verabsolutierung einer der Aussagen muß zwangsläufig zu einer Fehleinschätzung führen. Die Studie des Club of Rome [5] ist hierfür ein nunmehr schon klassisches Beispiel. Man sollte sich jedoch davor hüten, in das andere Extrem der Sorglosigkeit in bezug auf die Lösung der Rohstoffprobleme zu verfallen. Der Fehler wäre sicher größer und folgenschwerer. Das Problem liegt offensichtlich im Erkennen und in der Beherrschung einer Vielzahl zum Teil schwer überschaubarer Zusammenhänge.

In den folgenden Ausführungen wird zunächst versucht, einige der wesentlichen Zusammenhänge darzustellen, wobei eine größere Zahl der Beispiele — z. T. auch aus objektiven Gründen — aus dem eigenen Arbeitsgebiet gewählt wurde.

Entwicklung des Verbrauchs in der Vergangenheit

In der Abb. 1 ist die Entwicklung des Weltverbrauchs an ausgewählten Materialien und an Energie im Laufe unseres Jahrhunderts dargestellt. Der hohe Bedarf an Energie, der zusammengefaßt in Steinkohleneinheiten dargestellt ist, drückt bereits deren Sonderstellung aus. Es folgt die Gruppe der wichtigsten Massenerzeugnisse Stahl, Zement und Holz. Einer weiteren Gruppe gehören Kupfer und

Glas an, zu denen sich in den letzten Jahrzehnten durch rasches Wachstum der Produktion Aluminium und die organischen Werkstoffe gesellt haben, ohne daß allerdings damit zu rechnen ist, daß die zuletzt genannten auch zur ersten Gruppe der Konstruktionswerkstoffe vorstoßen werden.

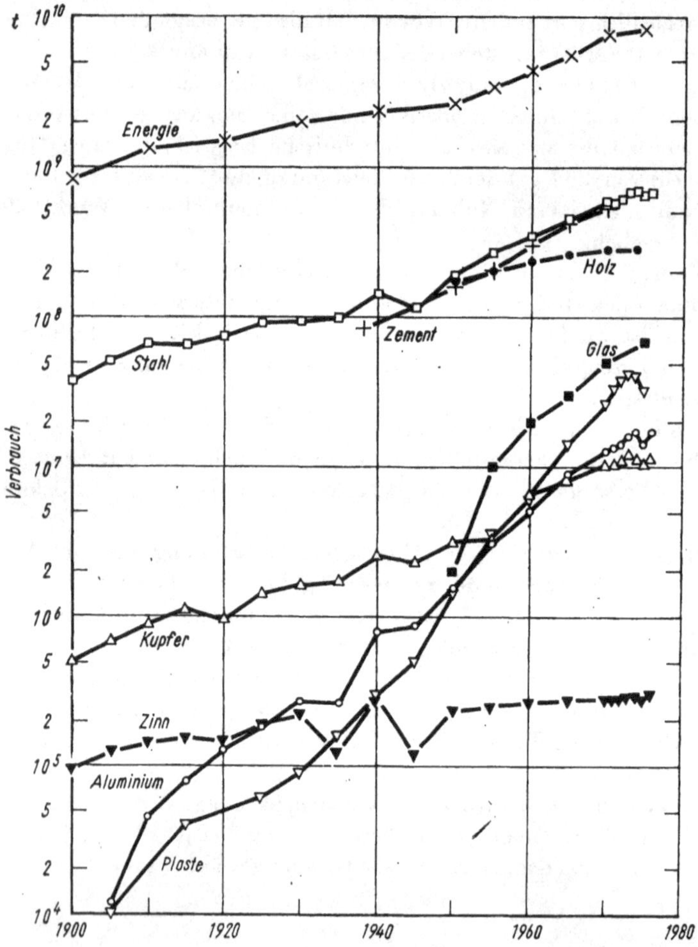

Abb. 1 Entwicklung des Weltverbrauchs an ausgewählten Materialien seit 1900, vgl. [6–10]

Unabhängig davon, welcher mathematische Ausdruck die reale Entwicklung am besten wiedergibt, ist ein annähernd linearer Anstieg des im logarithmischen Maßstab aufgetragenen Verbrauchs, d. h. für einen relativ langen Zeitraum ein unvermindertes Anwachsen des Bedarfes zu erkennen. Diese Tatsache war und ist

Ausgang der viel diskutierten Auffassung von einem exponentiellen Wachstum des Bedarfs an mineralischen Rohstoffen und der daraus abgeleiteten Vorstellung von der Diskrepanz zwischen ständig und gleichmäßig wachsendem Bedarf und der Begrenztheit der Ressourcen.

Entwicklung der nachgewiesenen Vorräte

Es ist verständlich, daß damit die Frage auftauchte, wie lange dieser steigende Bedarf abgedeckt werden kann. Hier gibt eine Übersicht über die Entwicklung der erkundeten Vorräte eine erste, wenn auch keineswegs erschöpfende und nur für die nächsten Jahrzehnte beruhigende Antwort. Tab. 1 zeigt für einige Metalle die Höhe der für die Jahre 1966 und 1976 jeweils nachgewiesenen Vorräte in Gegenüberstellung zur Bergwerksproduktion im Jahre 1974 und daraus abgeleitet die Zahl der Jahre, für die formal bei gleichbleibendem Verbrauch diese Vorräte den Bedarf decken könnten. Weiter sind für Kohle die Gesamtvorräte, Schätzungen

Tabelle 1 Entwicklung der sicheren und wahrscheinlichen Vorräte und des Verbrauchs ausgewählter Materialien (vgl. [11; 12])

Material	Vorräte in Mio t 1966	Vorräte in Mio t 1976	Bergwerksprod. in Mio t 1974	Vorratsdauer in Jahren (Sp. 2 : Sp. 3)
	1	2	3	4
Bauxit	5 964	17 272	82	210
Kupfer	195	410	7,6	55
Blei	36	144	3,6	40
Zink	77	135	5,9	23
Nickel	45	117	0,7	170
Zinn	5	10	0,22	45
Molybdän	2	7	0,09	80
Wolfram	1	2	0,04	55

Material	gesamte Vorräte in Mio t	gewinnbare Vorräte in Mio t	Bergwerksprod. in Mio t	Vorratsdauer in Jahren
Kohle (1974)	10 755 000	550 000	3 000	180

für den ausbringbaren Anteil und der Jahresverbrauch angegeben. Die Zahlen zeigen, daß die Situation bei den einzelnen Rohstoffen unterschiedlich ist, daß aber insgesamt der Zuwachs von erkundeten Lagerstätten dem Wachstum des Verbrauches entsprach, ihn zum Teil sogar wesentlich überschritten hat. Es kann damit gerechnet werden, daß in den nächsten Jahren bzw. Jahrzehnten diese Situation bleiben wird, obwohl sie nicht unbegrenzte Dauer haben kann.

Ursache für das im Vergleich zum Verbrauch schnellere Wachstum der Vorräte ist u. a., daß die Fortschritte in der Technologie der Gewinnung und Verarbeitung der Rohstoffe es ermöglichen, die Grenze für die Einordnung eines Vorkommens als nutzbare Lagerstätte zu niederen Gehalten zu verschieben. Diese Situation wird durch Abb. 2 charakterisiert, in der schematisch die Menge des auf der Erde vorrätigen Eisens in Abhängigkeit von der Konzentration dargestellt ist. Gleichzeitig wurde das Feld eingetragen, in dem bisher der Abbau im wesentlichen stattgefunden hat. Der quasi exponentielle Anstieg der Vorräte mit abnehmendem Gehalt, der bereits vor Jahrzehnten für die Darstellung der Eisenvorräte genutzt wurde, ist in der Zwischenzeit auch für andere Mineralien bestätigt worden.

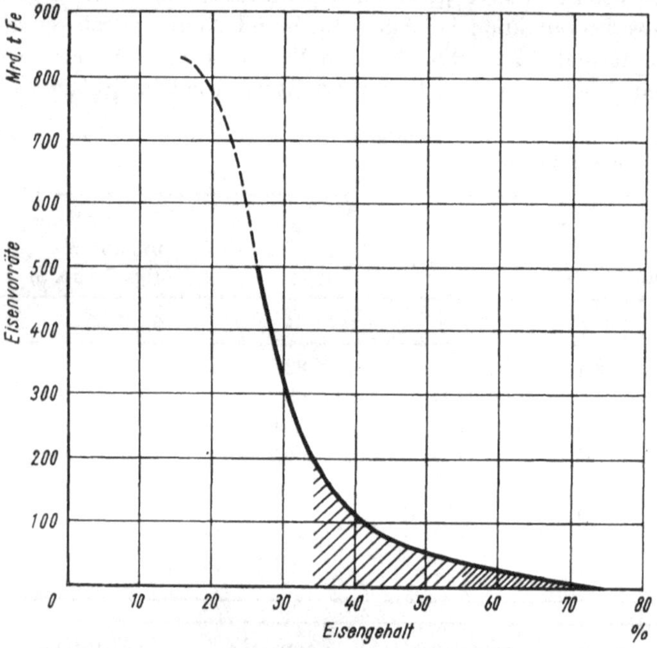

Abb. 2 Schematische Darstellung der Weltvorräte an Eisen in Abhängigkeit vom unteren Grenzgehalt der einbezogenen Lagerstätten, vgl. [13]

Die Darstellung wird auch gestützt durch den bei 5% liegenden Betrag für den Durchschnittsgehalt von Eisen in der Erdrinde. Ein noch eindeutigeres Bild ergibt sich bei Aluminium, dessen Vorräte bis zur Anwendung des Begriffes der Unerschöpflichkeit vervielfacht werden können, wenn man, unter Inkaufnahme eines Mehraufwandes, die nichtbauxitischen Rohstoffe einbezieht. Für fossile Brennstoffe treffen derartige Überlegungen wegen der Art dieser Lagerstätten allerdings nicht zu [14].

In diesem Zusammenhang ist es notwendig, ein Wort zur Bedeutung der Aufbereitung zu sagen. Die Sortierung und Trennung der Bestandteile eines mineralischen Rohstoffes gewinnt für die Nutzbarmachung ärmerer, in bezug auf die Menge des zu nutzenden Minerals jedoch häufig ergiebigerer Lagerstätten immer größere Bedeutung. Eine besonders dringliche Aufgabe ist es, den Aufwand für die Zerkleinerung zu reduzieren. Der Energieaufwand hierfür kann beim derzeitigen Stand der Technik den für die nachfolgende Verarbeitung erforderlichen Aufwand z. T. weit übersteigen.

Auf die besondere Situation beim Rohstoff Holz ist hinzuweisen. Hier hat sich die Menschheit, trotz der auch hier vorhandenen regionalen Unterschiede, darauf eingerichtet (bzw. sie ist dabei, dies zu tun), nicht mehr zu verbrauchen, als jährlich auf natürliche Weise zuwächst. Und dieses Nachwachsen kostet, wenn wir von der notwendigen Pflege des Waldes absehen, nur Sonnenenergie. Es mag sein, daß die Kenntnis von der klimaregulierenden Wirkung des Waldes ein so kluges Vorgehen unterstützt.

Tabelle 2 Vorliegende Schätzungen zu den Meeresboden- und Festlandvorräten einiger NE-Metalle (vgl. [11; 15; 16])

Vorräte in Mio t	Kupfer	Nickel	Kobalt	Mangan
Meeresboden	8 000	15 000	6 000	350 000
Festland	1 200[1])	120	70	5 400

[1]) einschl. der möglichen Vorräte

Ein besonders aktuelles und für die Demonstration der Bedeutung des technischen Fortschritts für die Versorgung mit Primärrohstoffen augenfälliges Beispiel ist die Entwicklung des Meeresbergbaus. In Tiefen von 3—5000 m und darüber liegen für einige Metalle nach bisher veröffentlichten Zahlen die in Tab. 2 genannten Mengen vor, die in der Größenordnung die bisher bekannten Festlandsvorräte weit übertreffen. Es ist damit zu rechnen, daß der Meeresbergbau bald beginnt. Erst dann wird es möglich sein, ein abschließendes Urteil über den Anteil des gewinnbaren Metalls und die Wirtschaftlichkeit dieses Bergbaus zu fällen. Daß er u. U. beginnt, noch bevor eine Vereinbarung über die damit zusammenhängenden Fragen des internationalen Rechts herbeigeführt wurde, läßt befürchten, daß durch ein unabgestimmtes Vorgehen das für einen langen Zeitraum abzuleitende Optimum des Abbaus nicht erreicht wird.

Sicher ist — wenn wir nicht nur die nächsten Jahrzehnte betrachten — bei anderen Metallen die Situation nicht gleich günstig. Dies gilt u. a. für die wegen ihrer besonderen physikalischen, chemischen oder physiko-chemischen Eigenschaften genutzten Metalle Molybdän, Wolfram, Tantal, aber auch Zink und Zinn, obwohl gerade bei letzterem Metall auch in der DDR durch eine gemeinsame Arbeit von AdW und Metallurgie ein Beispiel dafür geschaffen wurde, wie durch den technisch-technologischen Fortschritt die Grenze der Nutzbarkeit vorhandener Lagerstätten wesentlich verschoben werden kann [17].

Die möglichen Mangelerscheinungen sollten jedoch nicht überbewertet werden. Einmal steht der Weg offen, den Einsatz eines Materials auf die Gebiete zu beschränken, auf denen die hervorstechenden Eigenschaften genutzt werden. Zum anderen geben die heutige und die künftige wissenschaftlich-technische Entwicklung die Möglichkeit, anstehende Bedürfnisse durch neue Prinziplösungen zu befriedigen. Als Beispiel dafür seien für den Fall des Kupfers die Supraleitung oder die Faseroptik genannt. Das Geheimnis der Lösung derartiger Probleme liegt in erster Linie darin, sie frühzeitig zu erkennen und ihre Lösung langfristig vorzubereiten.

Ernster ist die Situation auf dem Gebiet der Energie zu sehen. Die begrenzten Vorräte an Erdöl und dessen derzeitiger außerordentlich hoher Anteil an der Versorgung praktisch der gesamten Welt mit Energie ist Ursache des schwerwiegendsten Versorgungsproblems unserer heutigen Zeit. Aus der Sicht kommender Jahrhunderte betrachtet wird die heutige Form der Nutzung speziell der Vorräte an Erdöl als ein Raubbau gekennzeichnet werden, der dem Charakter nach mit dem Waldeinschlag der Venezianer für den Bau von Schiffen und die Errichtung von Städten oder mit der Entwaldung der Iberischen Halbinsel zur Gewinnung von Holzkohle für die Eisenherstellung durchaus vergleichbar ist, in seinem Umfang die genannten Beispiele sogar weit übertrifft. Es gilt aber auch die Feststellung, daß diese Art der Nutzung der Erdölvorräte eine der Voraussetzungen für die beispiellose Entwicklung der Produktion in den letzten Jahrzehnten war und daß weiterhin durch diese Entwicklung auch die wissenschaftlichen und technischen Möglichkeiten geschaffen wurden, tragfähige Ersatzlösungen zu finden.

Wir können es als Verdienst unserer Planung ansehen, daß die DDR unter Beachtung der für ihre Entwicklung gegebenen Randbedingungen nur in Grenzen dieser Entwicklung gefolgt ist, die letzten Endes dazu geführt hat, daß in der Welt der Verbrauch an Erdöl und Kohle im umgekehrten Verhältnis zur Größe der jeweils vorhandenen Vorräte steht. Der Beschluß des IX. Parteitages, „die Technologie der Erdölverarbeitung und der Petrolchemie ... zur umfassenderen chemischen Nutzung der Erdölsubstanz weiterzuentwickeln“ entspricht wiederum einer aus langfristigen Überlegungen abgeleiteten Rohstoffpolitik [18].

Entwicklung des Materialkreislaufes

Der Zeitraum, für den die erkundeten Vorräte reichen müssen, hängt im starken Maß davon ab, welcher Anteil des gesamten Bedarfs durch Primärrohstoffe abzudecken ist. In der Praxis hat sich vor allem bei den Metallen im Laufe vieler Jahrzehnte ein Rücklauf an Schrott und Altmaterial entwickelt, der einer erneuten Nutzung zugeführt wird. Der so entstandene Kreislauf war zunächst das Ergebnis ökonomischer Überlegungen, denen sich in den letzten Jahrzehnten immer mehr die Bemühungen zur Lösung von Versorgungs- und Umweltproblemen zugesellten.

Auch hier wird die Grenze des noch Verwertbaren durch die technische Entwicklung ständig verschoben bei allerdings stark wachsendem Aufwand für Erfassung und Transport.

Als Beispiel für einen solchen Kreislauf wird in Abb. 3 der für Blei in der DDR gezeigt. Bei diesem Metall läßt sich der nach Einsatzgebieten untersetzte Kreislauf besonders einfach und übersichtlich darstellen. Es ist zu erkennen, daß Blei für Akkumulatoren durch eine straffe Organisation praktisch vollkommen zurückläuft. Der wissenschaftlich-technische Fortschritt auf diesem Gebiet bewirkt, daß der in der Volkswirtschaft vorhandene Metallstock gesenkt bzw. sein weiteres Anwachsen bei weiterem Bedarf an Akkumulatoren vermieden werden kann und der mit der Umarbeitung der verbrauchten Akkus verbundene Verlust gesenkt wird. Das Bild würde sich nur dann grundsätzlich ändern, wenn der Blei-Akku durch eine andere technische Lösung ersetzt würde. Eine solche Entwicklung müßte bei der absehbaren Versorgungssituation nicht wegen Schwierigkeiten bei der Bereitstellung von Blei forciert werden.

Bei der konstruktiven Nutzung von Blei läuft als Ergebnis der vor allem in den

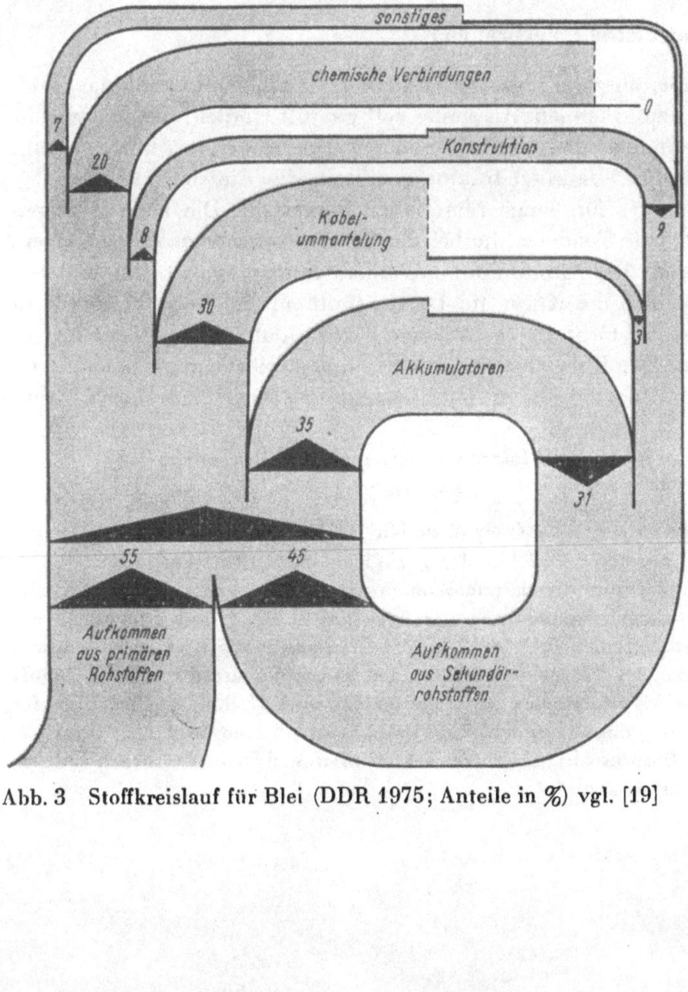

Abb. 3 Stoffkreislauf für Blei (DDR 1975; Anteile in %) vgl. [19]

letzten beiden Jahrzehnten durchgeführten Substitution mehr Blei zurück, als heute hierfür eingesetzt wird. Die in früheren Zeiten installierten Bleirohre, Behälterauskleidungen usw. wirken praktisch als Sekundärlagerstätte.

Schließlich gibt es Einsatzgebiete, z. B. die Verwendung von Bleiverbindungen für den Oberflächenschutz oder für Plaststabilisatoren, bei denen praktisch kein Rücklauf stattfindet. Ein erster Ansatzpunkt für die Veränderung dieser Situation sind die Bemühungen um die Wiedernutzbarmachung des in den Flugstäuben der Stahlschrottverarbeitung enthaltenen Zn und Pb.

Diagramme für den Stoffkreislauf sind ein außerordentlich wertvolles, allerdings noch zu wenig genutztes Arbeitsmittel für strategische Überlegungen und die Ableitung von Aufgabenstellungen für technische Entwicklungen und damit auch für die Forschung und Entwicklung. Die Veränderung dieser Diagramme über längere Zeiträume zu verfolgen wäre ein geeignetes Mittel für die Kontrolle der Wirksamkeit materialökonomischer Maßnahmen. Zu vermerken bleibt allerdings, daß der derzeitige Stand der Datenerfassung die Aufstellung eines solchen Diagramms zu einer mühevollen Kleinarbeit macht.[1]

Entwicklung des spezifischen Verbrauchs

Es steht die Aufgabe, über die bisher dargestellten Grundkenntnisse hinaus weitere Zusammenhänge zu erkennen. Als erstes soll geprüft werden, wie es sich mit dem sogenannten exponentiellen Wachstum des Verbrauches tatsächlich verhält. In Abb. 4 ist, jeweils für 5 Jahreszeiträume gemittelt, die Entwicklung des jährlichen Verbrauchsanstieges für einige Materialien dargestellt. Die Kurven zeigen durchgehend eine fallende Tendenz, die bei den Stoffen mit hohen Zuwachsraten, den Plasten, aber auch bei Aluminium, besonders ausgeprägt ist. Im anderen Extremfall, bei Zinn, liegt die Kurve im Durchschnitt nur noch wenig über dem Nullwert. Das darf sicher nicht zu der Aussage führen, daß dieses Metall bedeutungslos geworden ist. Der Kurvenverlauf bei Sn unterstreicht nur in besonderem Maße die allgemeine Tendenz, die zu der Feststellung zwingt, daß eine Konzep-

---

[1] Die Zusammenhänge können mit folgender Formel dargestellt werden:

$$R_{n+1}^{\text{primär}} = f \cdot R_n^{\text{gesamt}} - E_{n+1} - L_{n+1} - R_{n+1}^{\text{sekundär}}$$

Danach ergibt sich der Bedarf an Primärrohstoffen $R_{n+1}^{\text{primär}}$ in der Periode n + 1 aus dem Produkt des Verbrauches R_n^{gesamt} in der Periode n mit einem Wachstumsfaktor f, vermindert um die Auswirkungen materialökonomischer Maßnahmen E_{n+1}, die Auswirkungen einer Lebensdauerverlängerung der Erzeugnisse L_{n+1} und schließlich den Rücklauf an Sekundärmaterialien $R_{n+1}^{\text{sekundär}}$. Um die Größenordnungen zu verdeutlichen, sollte folgender Hinweis genügen: gelingt es z. B., den Anteil des zurücklaufenden Stahls von 40–50% auf 70–75% zu erhöhen, so bedeutet das eine Halbierung des Bedarfes an Primärrohstoffen. Auch diese Gleichung läßt erkennen, daß eine tragfähige Rohstoffkonzeption nur unter Berücksichtigung aller wesentlichen volkswirtschaftlichen Zusammenhänge erarbeitet werden kann.

tion, bei der das Wachstum zum Selbstzweck wird oder lediglich als ein Mittel angesehen wird, Profit zu machen, im Widerspruch zu den Gesetzmäßigkeiten der heutigen Entwicklung steht. Wir haben offensichtlich eine neue Qualität in der Entwicklung erreicht, die mit neuen Maßstäben gemessen werden muß.

Eine weitere, einfache Überlegung zeigt, daß der Weltverbrauch, in dem Länder sehr unterschiedlichen Entwicklungsstandes, unterschiedlicher Lebens-, insbesondere klimatischer Bedingungen und sicher auch unterschiedlicher Lebensvorstellungen zusammengefaßt sind, wenig geeignet ist, weitere Gesetzmäßigkeiten erkennen zu lassen. Es scheint notwendig zu sein, Bereiche mit einheitlichem Ent-

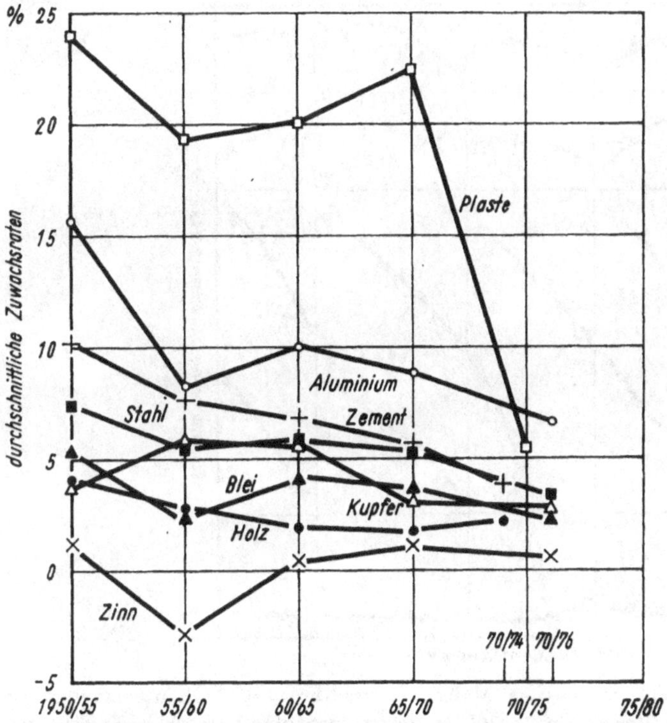

Abb. 4 Entwicklung der Zuwachsraten des Weltverbrauches an ausgewählten Werkstoffen, vgl. [6; 7; 9]

wicklungsstand und einheitlichen Wachstumsbedingungen zu untersuchen. Diese Bedingung wird bei der Betrachtung einzelner Länder annähernd erfüllt. Um einen Vergleich von Ländern unterschiedlicher Größe zu ermöglichen, ist es notwendig, spezifische Kenngrößen abzuleiten.[1]

[1] Eine geeignete spezifische Kenngröße ist das für die Erzeugung eines bestimmten gesellschaftlichen Gesamtproduktes (bzw. Nettoprodukt oder Warenproduktion) notwendige Material bzw. die hierfür erforderliche Energie. Bei der für die kapitalistischen

In Abb. 5 wurde für 5 Länder und Materialien die Entwicklung des Materialverbrauchs in kg/Mio gesellschaftlichen Gesamtprodukt bzw. Bruttosozialprodukt über dem pro Kopf erzeugten gesellschaftlichen Gesamtprodukt bzw. Bruttosozialprodukt aufgetragen. Verglichen und eingeschätzt werden soll der Trend der Entwicklung.

Bei den „modernen" Werkstoffen Plast und Aluminium ist noch der steile, wenn auch allmählich schwächer werdende Anstieg zu erkennen, der auf die sich nach wie vor vollziehende Erweiterung der Einsatzgebiete hindeutet. Stahl zeigt

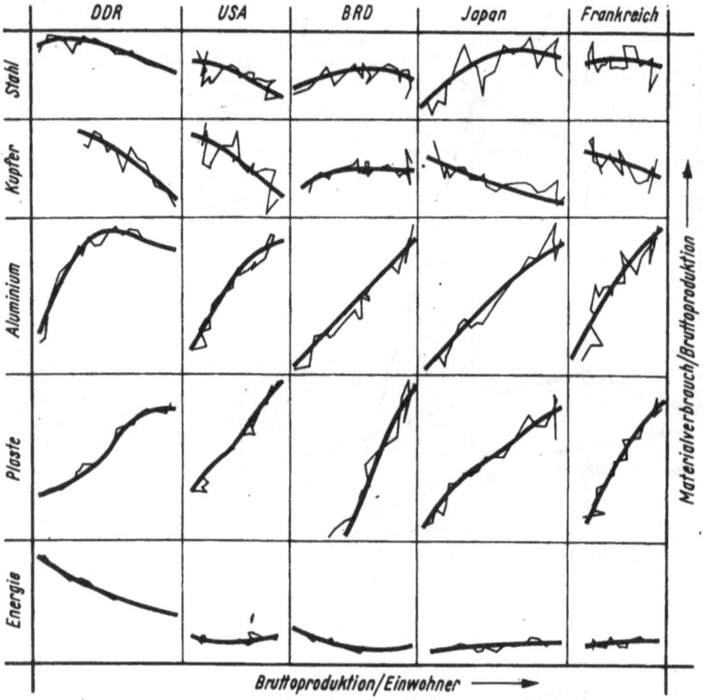

Abb. 5 Entwicklung des spezifischen Materialverbrauchs (kg/10^6 Valutaeinheiten des gesellschaftlichen Gesamtproduktes bzw. Bruttosozialproduktes) in Abhängigkeit von der Entwicklung des je Einwohner erzeugten gesellschaftlichen Gesamtproduktes (bzw. Bruttosozialproduktes), dargestellt für den Zeitraum 1950–1975, vgl. [6; 7; 9; 20–28]

Länder einzusetzenden entsprechenden Größe, dem Bruttosozialprodukt, muß, um eine Verfälschung der Aussage durch die Geldentwertung zu vermeiden, mit konstanten Preisen gerechnet werden. Die Veränderung des spezifischen Verbrauchs, die eine Bewertung der die Entwicklung der Produktivkräfte bestimmenden Faktoren ermöglicht, kann zweckmäßig in Abhängigkeit von dem pro Kopf erzeugten gesellschaftlichen Gesamtprodukt (bzw. der anderen genannten Größen) dargestellt werden. Letztere Größe ist bei stetigem Wachstum der Produktion etwa der Zeit proportional.

einen annähernd horizontalen Verlauf und läßt bei den Kurven für die USA und auch für die DDR ein laufendes Absinken erkennen. Die Kurve durchläuft offensichtlich ein Maximum. Bei Kupfer ist bereits deutlich der stetige Abfall des spezifischen Verbrauchs zu erkennen. Lediglich für die BRD trifft dies nicht zu, in der die Substitution durch Al noch am wenigsten vorangetrieben wurde. Diese Abweichung macht deutlich, daß neben objektiv wirkenden Faktoren eine gezielte Beeinflussung der Entwicklung möglich ist, im positiven wie im negativen Sinne.

Es scheint nützlich zu sein, sich die wirksamen Zusammenhänge weiter zu verdeutlichen. Abb. 6 zeigt, als Synthese aus den in Abb. 5 erkennbaren Stadien der Verbrauchsentwicklung abgeleitet, den Kurvenverlauf für einen einzelnen Werkstoff für die gesamte Zeit seines industriellen Einsatzes. Er soll für den Werkstoff Stahl erläutert werden.

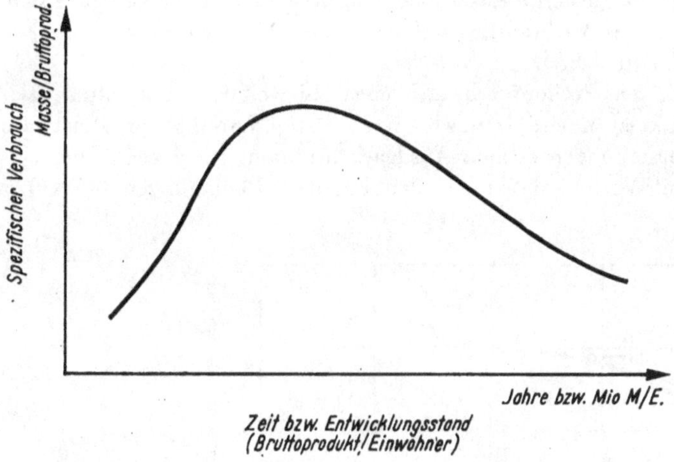

Abb. 6 Schematische Darstellung der Entwicklung des spezifischen Materialverbrauchs für einen gegebenen Werkstoff über den gesamten Zeitraum seines industriellen Einsatzes

Zu Beginn der industriellen Entwicklung eines Landes findet, in der Regel zunächst auf niedriger Stufe, ein beschleunigter Verbrauch von Stahl statt. Mit anderen Worten: bei niedrigem spezifischen Verbrauch bestehen hohe, in der Größe zunächst zunehmende Wachstumsraten, wie es z. Z. bei der Entwicklung junger Nationalstaaten festzustellen ist. Dies wird hervorgerufen durch den Aufwand für die Erschließung des Landes, insbesondere den Bau von Verkehrswegen, für die Schaffung einer Infrastruktur und vor allem durch den stufenweisen Aufbau einer Industrie, der neben der Leicht- und Lebensmittelindustrie zunächst die Schwerindustrie und den Maschinenbau umfaßt. Die wissenschaftlich-technische Entwicklung führte in den Industrieländern und führt auch bei den heute die Industrialisierung nachvollziehenden Ländern dazu, daß Industriezweige mit niedrigem bzw. sehr niedrigem spezifischen Stahlverbrauch wie Feinmechanik/Optik, Elektrotechnik und schließlich Elektronik die Produktions- und Verbrauchsstruktur verändern. In gleicher Weise wirken die Weiterentwicklung der Werkstoffe und ihr rationeller Einsatz. Damit nimmt — durch den Wendepunkt gekennzeichnet — die Wachstumsrate für den spezifischen Stahlverbrauch wieder ab und erreicht nach Überschreitung des Maximums negative Werte. Von den Tendenzen, die zu einer Erhöhung des spezifischen Bedarfes führen — zu denken ist u. a. an die in den vergangenen 2 Jahrzehnten vollzogene starke Entwicklung des Schiffbaues — und den vor allem aus dem wissenschaftlich-technischen Fortschritt sich ergebenden Tendenzen der Einsparung überwiegen nunmehr die letzteren. Diese Entwicklung entspricht offensichtlich einer allgemein gültigen Gesetzmäßigkeit oder — um einer euphorischen Überbewertung vorzubeugen — zumindest einer allgemeinen Tendenz.

Der in Abb. 5 und 6 dargestellte Zusammenhang läßt sich weiter verdeutlichen, wenn die Entwicklung des Verbrauches auf den Kopf der Bevölkerung bezogen dargestellt wird (Abb. 7 für USA).

Offensichtlich strebt der Prokopfverbrauch auch bei weiterem Wachstum (hier des Bruttosozialproduktes) einem Grenzwert bzw. Sättigungspunkt zu, steigt also nicht, wie frühere Vorstellungen es zum Ausdruck brachten, stetig weiter an. Das bedeutet mit anderen Worten, daß unter den heutigen Bedingungen bei voller

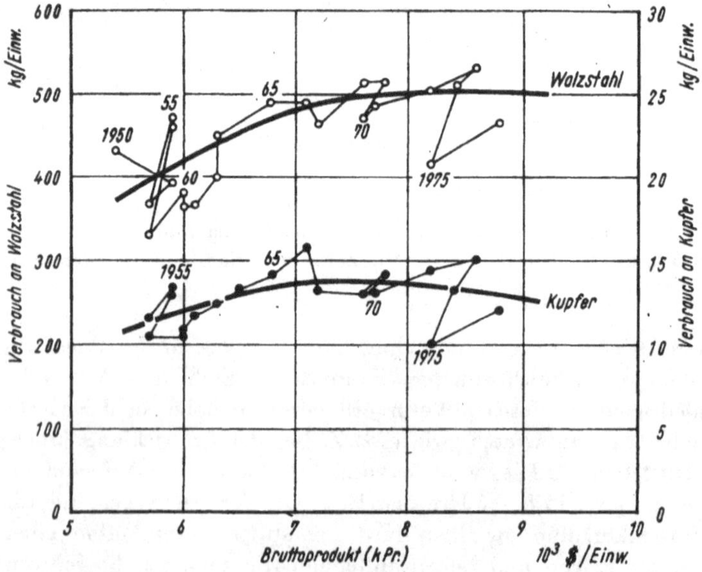

Abb. 7 Entwicklung des Pro-Kopf-Verbrauches an Stahl und Kupfer in den USA, vgl. [6; 7; 20]

Industrialisierung der mit der allgemeinen Produktionsentwicklung verbundene Mehrverbrauch kompensiert wird, einmal durch die Veränderung in der Struktur der Produktion und der Erzeugnisse und zum anderen durch das Wirken qualitativer Faktoren, wie Verbesserung der Werkstoffeigenschaften, bessere Werkstoffausnutzung, rationelle Verarbeitungstechnologien, konstruktiver Leichtbau, Werkstoffsubstitution usw. Die zunehmende und nunmehr dominierende Bedeutung der qualitativen Faktoren ist klar erkennbar. Die Frage wird immer dringender, inwieweit — zumindest auf Teilgebieten — bei der Planung und Stimulierung der Entwicklung einer Volkswirtschaft die qualitativen Kenngrößen Vorrang haben müssen vor den quantitativen Größen, die zum Teil nur im begrenzten Umfang in der Lage sind, den Zuwachs an produziertem Gebrauchswert darzustellen. Die für die Entwicklung des Prokopfverbrauches gezeigten Kurven lassen ja erkennen, daß sich die Produktion eines hochindustrialisierten Landes auch bei starker Reduzierung des Anstiegs oder einer Stagnation des Verbrauches z. B. von Stahl entwickelt bzw. daß — wie wir es heute in westlichen Ländern erleben — bei Stagnation der Produktion der spezifische Stahlverbrauch sinken kann. Es ist offensichtlich, daß nunmehr qualitative Veränderungen stärker wirken als quantitative Faktoren. Die in den westlichen Industrieländern für die Stahlindustrie festzustellende wachsende Misere ist Folge dieser Zusammenhänge oder wird durch sie zumindest stark begünstigt. Selbst die Rüstungsindustrie bringt ihr nicht mehr den erwarteten Ausgleich.

Eine Bemerkung noch zum Begriff der Sättigung. Mit ihm kann sicher nur die qualitative Seite einer Erscheinung erfaßt werden. Welchen Betrag der Prokopfverbrauch z. B. von Walzstahl annimmt, hängt im Einzelfall von einer Vielzahl von Faktoren ab, auf die nicht näher eingegangen werden soll. Die Schlußfolgerung wäre sicher abwegig, einen für alle Länder gleichen und für alle Zeiten festgeschriebenen Wert anzunehmen. In der Größenordnung wird er, wenn man die vorliegenden Zahlen verwertet, zwischen 400—800 kg pro Kopf liegen. Zahlen von 1200 kg pro Kopf, wie sie nach einer im Auftrage der UNO ausgearbeiteten Prognose für die USA erwartet werden, sind unreal.

In diesem Zusammenhang scheint es nützlich zu sein, sich die Zahlen für die Entwicklung des Energieverbrauchs anzusehen. Auch hierzu sind in Abb. 5 Kurven angegeben worden. Diese zeigen, daß die untersuchten Länder auch bei Wachstum des Nationaleinkommens bzw. des gesellschaftlichen Gesamtproduktes einen konstanten spezifischen Energieverbrauch haben, wobei wiederum die Kurven für die DDR und die USA sogar eine Tendenz des Absinkens zeigen. Die Situation kann folgendermaßen eingeschätzt werden:

— Die wissenschaftlich-technische Entwicklung und ihre Auswirkungen (z. B. Mechanisierung, Entwicklung des individuellen Bedarfes) haben in den führenden Industrieländern, unterstützt durch die Nichtausnutzung gegebener technischer Möglichkeiten, im gleichen Umfang zu einem Mehrbedarf an Energie geführt, wie technologische Verbesserungen und neue Prinzipien zur Energieeinsparung geführt haben.

- Die komplexe Nutzung der Energie — insbesondere die Wärme-Kraft-Kopplung, der rationelle Energieeinsatz (z. B. durch bessere Isolierung der Wohnungen) oder die Energierückführung (z. B. durch Einsatz der Wärmepumpe) — steht trotz der in einigen Industrieländern erzielten Erfolge noch am Anfang der Entwicklung.
- Mit einer langfristigen komplexen Planung der Energieerzeugung und der Energieverwendung und der Erarbeitung hierfür geltender ökonomischer Regelungen und Maßstäbe, die ingesamt zu einer wesentlichen Senkung des spezifischen Bedarfs an Primärenergie führen werden, stehen wir ebenfalls noch am Anfang.

Bei Anerkennung aller Schwierigkeiten auf dem Gebiet der Energieversorgung, die letzten Endes eine Folge ungenügenden Vorausdenkens und mehr noch des ungenügenden vorsorglichen Handelns sind, ist die Situation bei Beachtung aller wissenschaftlich-technischen Möglichkeiten der Energiebereitstellung und -verwertung auf lange Sicht durchaus beherrschbar. Die Entwicklung in der Sowjetunion kann hierfür als Bestätigung gelten.

Entwicklung der Preise

Die bisherigen Ausführungen sollen noch durch eine weitere Aussage gestützt werden. Sie geht aus von der Feststellung, daß die Versorgung mit Rohstoffen und Energie in gleicher Weise ein technisches und ein ökonomisches Problem ist. Es ist daher verständlich, daß sich die geschilderte Entwicklung auch in der Entwicklung der Preise niedergeschlagen hat. Abb. 8 gibt für zwei westeuropäische Länder in Gegenüberstellung zum Index der Verbraucherpreisentwicklung die Preisentwicklung für Kupfer und Aluminium an. Neben dem starken Einfluß anderer Faktoren läßt das Bild immerhin erkennen, daß durch den wissenschaftlich-technischen und technologischen Fortschritt die Verschlechterung der Lagerstättenbedingungen praktisch ausgeglichen, zum Teil sogar überkompensiert werden konnten.

Die Lebensdauer als wesentlicher Faktor des Rohstoffbedarfes

Die für einige Werkstoffe nachgewiesene Erscheinung der Bedarfssättigung wird, soweit sie allgemeingültig ist, wesentlich zur Schonung der Rohstoffreserven beitragen. Es kann davon ausgegangen werden, daß in bezug auf die Entwicklung der Materialeigenschaften und den rationellen Einsatz der Werkstoffe wie auch in bezug auf die Senkung des Energiebedarfes die Möglichkeiten noch keineswegs erschöpft sind und auch auf Jahrzehnte nicht erschöpft sein werden. Allein die Mikroelektronik gibt, um nur ein Beispiel zu nennen, neue Möglichkeiten für

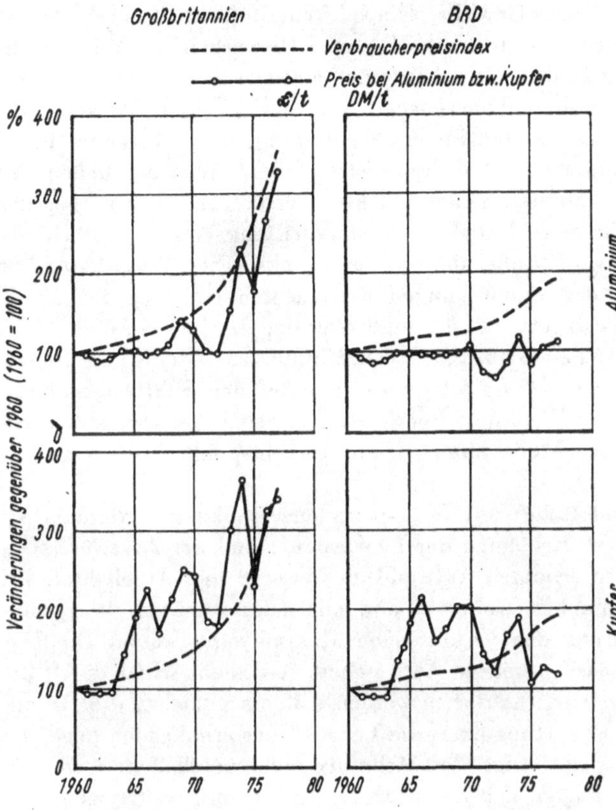

Abb. 8 Vergleich der Entwicklung des Verbraucherpreisindex mit der Entwicklung der Preise für Cu und Al in Großbritannien und der BRD, vgl. [7; 29; 30]

die Miniaturisierung, den Leichtbau, die Senkung des Leistungsgewichtes oder die effektivere und damit auch energiesparende Führung thermischer Prozesse, die sicher noch nicht voll übersehen werden können.

Ein weiterer Faktor ist wirksam und kann noch wesentlich stärker wirksam gemacht werden, um Material und Energie zu sparen: die Erhöhung der Zuverlässigkeit und der Lebensdauer. Im Grenzfall bedeutet ja — von der Summe der für die Nutzung bereitstehenden Gebrauchswerte aus gesehen — eine Verdopplung der Lebensdauer die Halbierung des Aufwandes an Rohstoffen, Material und Energie für die Herstellung der Erzeugnisse. Die Erhöhung der Lebensdauer kann damit sogar zur Senkung der Sättigungsgrenze führen, wie sie oben dargestellt wurde.

Als Beispiel soll der nach volkswirtschaftlichen Gesichtspunkten optimierte Personenkraftwagen genannt werden. Seine wichtigsten Eigenschaften sind lange Lebensdauer, geringer Reparaturaufwand, geringer Energieverbrauch und als eine

Voraussetzung hierfür niedriges Gewicht, Umweltfreundlichkeit, Sicherheit und Fahrkomfort. Dieses Fahrzeug — in der BRD unter Hervorhebung einer Eigenschaft als Langzeitauto bezeichnet — wird international stark diskutiert. Die Entwicklung und Durchsetzung dieses Fahrzeuges würde bei der zum Teil schon erreichten, zum Teil noch angestrebten hohen Verbreitung dieses Verkehrsmittels eine große materialökonomische und energiewirtschaftliche Wirkung haben. Es muß darunter jedoch ein Fahrzeug neuer Qualität verstanden werden, bei der mit gleichem oder geringerem Aufwand für Instandhaltung eine wesentlich höhere Lebensdauer erreicht wird. Außer dem in der sozialistischen Wirtschaft nicht interessierenden Problem, daß damit einigen Produzenten ein Weg zur Erreichung von Maximalprofit versperrt würde, muß allerdings auf zwei Fragen Antwort gegeben werden. Die erste ist die nach dem Einfluß von Mode und Repräsentationsbedürfnis, die beide — und jetzt nicht nur auf den Kraftwagen bezogen — die Rohstoffbilanz der Welt nicht unerheblich belasten. Es wäre sicher angebracht, die Motivation der Mode unter diesem Gesichtspunkt kritisch zu betrachten.

Die zweite Frage, die grundsätzlich mit der Lebensdauererhöhung verbunden ist, ist nicht weniger kompliziert. Erhöhung der Lebensdauer und der Zuverlässigkeit bedeutet in der Regel einen erhöhten Aufwand an Material und Arbeitskraft bei der Herstellung des Erzeugnisses, wobei — und nur dann ist dieser Weg sinnvoll — die spätere Einsparung den vorlaufenden Mehraufwand wesentlich übersteigt. Das wird auch für das optimierte Auto gelten, das allein schon durch die Erhöhung der Lebensdauer wirtschaftlicher werden soll. Es gilt also, die Grundsätze für die ökonomische Bewertung eines die Lebensdauer erhöhenden oder den Aufwand für Instandsetzung erniedrigenden Mehraufwandes zu schaffen.

Weitere Beispiele sollen zeigen, daß der Fragenkomplex noch weiter zu fassen ist. In der DDR wird das Material für Wagenkästen von Waggons für den Nahverkehr von Stahl- auf Aluminiumkonstruktion umgestellt. Die dadurch erreichte Senkung des Aufwandes für den Oberflächenschutz allein würde, zumindest aus heutiger Sicht, die Umstellung nicht rechtfertigen. Aluminium braucht ja für seine Erzeugung einen wesentlich höheren Energieaufwand als Stahl. Seine Produktion ist somit mit einer wesentlich höheren Belastung der Volkswirtschaft verbunden. Andererseits wird ein Waggon im Nahverkehr während des Betriebes sehr oft beschleunigt und abgebremst. Die dabei vernichtete Energie ist proportional der Masse des Fahrzeuges. Wenn also Masse eingespart wird, wird beim Betreiben des Fahrzeuges auch Energie eingespart. In Tab. 3 sind Aufwand und Einsparung einander gegenübergestellt. Aus den Zahlen geht hervor, daß nach etwa 2 Jahren der Mehraufwand für die Erzeugung des Aluminiums wieder ausgeglichen ist.

In dem eben geschilderten Beispiel folgt der Nutzen so schnell dem erhöhten Aufwand, daß die Beantwortung der Frage nach der Zweckmäßigkeit oder Nützlichkeit einer solchen Werkstoffumstellung nicht schwer zu beantworten ist. Häufig ist jedoch darüber zu entscheiden, welcher Mehraufwand heute vertretbar ist, wenn der Nutzen erst nach Jahren eintritt. Anders ausgedrückt: Welche (nur langfristig wirksam werdenden) Sparmaßnahmen können bei dem erreichten Stand einer Volkswirtschaft verwirklicht werden? Oder noch direkter formuliert: Welchen Reichtum haben wir erarbeitet, um noch sparsamer wirtschaften zu können?

Tabelle 3 Bilanz des Energieaufwandes für die Herstellung des Wagenkastens und den Betrieb von Schienenfahrzeugen für den Nahverkehr [31]

Bauweise		Energieaufwand		
	Masse Wagenkasten t	pro Tonne Werkstoff G Joule	pro Wagenkasten G Joule	pro Nutzungsjahr[1] G Joule
Stahl-Leichtbau	11,6	22	256	2156
Aluminium	7	252	1764	1300
Differenz Stahl-Aluminium	4,6	230	1508	856

[1] bei 90 Wh/t km und 200 000 km/Jahr

Es gibt hier zwei große Gebiete, die in diesem Zusammenhang behandelt werden müssen und deren immer stärkere Beachtung eine Grundvoraussetzung dafür ist, daß wir in Zukunft unsere Roh- und Werkstoffprobleme einschließlich der Energiefragen lösen können: die Gebiete Korrosion und Verschleiß und die Vermeidung deren für die Volkswirtschaft abträgliche Folgen, die denen der Verluste durch Defekte des mechanischen Verhaltens oder der mechanischen Überdimensionierung gleichzusetzen sind. Auch die Bekämpfung von Korrosion und Verschleiß verlangen in der Regel eine materielle Vorleistung. Diese wird jedoch häufig in so kurzer Zeit ausgeglichen, daß manche der heutigen Sünden unverständlich bleiben. Besserer Schutz gegen Korrosion und Verschleiß wird nicht nur die Lebensdauer, sondern auch den Anteil des Materials erhöhen, der als Sekundärrohstoff zurückfließt.

In diesem Zusammenhang muß auf die große Bedeutung der Glas- und Keramikwerkstoffe und der Polymerwerkstoffe hingewiesen werden. Ihr Einsatz als massive und als Beschichtungsstoffe trägt wesentlich zur Lösung von Problemen der Korrosion und des Verschleißes bei und wird dies in Zukunft in steigendem Maße tun.

Zu dem behandelten Fragenkomplex soll ein weiteres, leicht verständliches Beispiel genannt werden, das die Notwendigkeit erkennen läßt, auch Selbstverständlichkeiten in Frage zu stellen

In der DDR wird eine Vielzahl von Milchviehanlagen gebaut. Diese können in Stahlbau oder in Stahlbeton ausgeführt werden. Bei Stahlbeton kommt man mit einem wesentlich geringeren Einsatz an Stahl aus. Er ist nach der üblichen Betrachtungsweise offensichtlich die material-, in diesem Fall die stahlsparende Lösung. Anders sieht es aus, wenn das Gebäude baufällig geworden ist, was im Sinne der Ausführungen zur Lebensdauer erst nach vielen Jahrzehnten der Fall sein sollte. Daß hierfür heute nur 20 Jahre genannt werden, ist sicher ein ernster Defekt. Nach Ablauf der Lebensdauer können die Stahlkonstruktionen verhältnismäßig leicht demontiert, verschrottet und aus dem Schrott etwa 90% des Stahls wiedergewonnen werden. Der Stahlbeton dagegen kann nur mühsam beseitigt werden. Für die Wiedergewinnung des darin enthaltenen Stahls gibt es noch kein brauchbares Verfahren. Sollte es kommen, so wird es mit einem unvertretbar hohen Energieaufwand verbunden sein. In Tab. 4 sind die dieses Beispiel charakterisierenden Zahlen zusammengestellt.

Dieses Problem, über mehrere Rinderstallgenerationen verfolgt, läßt erkennen, daß die Strategie des Werkstoffeinsatzes langfristig angelegt und unter Beachtung aller Zusammenhänge erarbeitet werden muß.

Tabelle 4 Verbrauch und Rücklauf von Stahl bei Stahlbau und Stahlbetonbau, dargestellt am Beispiel einer Milchviehanlage (Angaben in t) [32]

Bauweise	Gesamtmasse	Anteil an Baustahl	Bei Abbruch rückgewinnb. Masse an Stahl	Verluste an Stahl
Stahlbetonbau	5300	190	0	190
Stahlbau	1850	428	~380	~40

Schlußfolgerungen

Das von den Rohstoffproblemen gegebene Bild ermöglicht es, trotz aller noch vorhandener Lücken in der Darstellung, einige Schlußfolgerungen zu formulieren. Die wichtigste ist sicher die Erkenntnis, daß bei den mineralischen Rohstoffen eine langfristig orientierte Roh- und Werkstoffpolitik im Prinzip in der Lage ist, die Versorgung zu sichern. Die Einschränkung gilt allerdings, daß diese Aufgabe nur bei Beachtung der dargelegten Grundsätze lösbar ist. Das setzt vor allem aber eine friedliche, auf Kooperation orientierte Welt voraus. Die Durchsetzung einer friedlichen Entwicklung und damit der Abrüstung sind somit auch die wichtigsten Maßnahmen zur Rohstoffsicherung, zumal die Rüstung selbst einen erheblichen Anteil vor allem der hochwertigen Materialien verbraucht.

Eine weitere Schlußfolgerung ist, daß die Erschließung und Nutzung der verfügbaren primären Rohstoffe, deren rationelle Nutzung bis hin zum Verbrauch im Enderzeugnis und schließlich die Wiederverwendung der nicht mehr nutzbaren Materialien gleichrangige Teilaufgaben des umfassenden Rohstoffproblems sind. Fragen der Qualität gewinnen für die Lösung der anstehenden Aufgaben immer größeres Gewicht und haben Vorrang vor Fragen der quantitativen Entwicklung. Dies wird bewirken, daß der spezifische, auf die Einheit des gesellschaftlichen Gesamtproduktes bezogene Verbrauch an Materialien ständig sinkt bzw. der Prokopfverbrauch einem für die Wirtschaft eines Landes charakteristischen Sättigungswert zustrebt.

Das Überwiegen der qualitativen Faktoren wird zur Folge haben, daß das in der Entwicklung eines Landes erreichte materielle Niveau immer mehr gemessen wird am Umfang der Gebrauchswerte, die zur Nutzung zur Verfügung stehen und nicht am Umfang der Produktion.

Die Entwicklung der Weltproduktion wird in erster Linie bestimmt werden durch das wirtschaftliche Wachstum der die Industrialisierung nachvollziehenden Länder und das Wachstum der Weltbevölkerung, das weitgehend in diesen Ländern stattfindet.

Der Zeitraum, für den Überlegungen zur Rohstoffsicherung anzustellen sind, darf nicht nur wenige Jahrzehnte umfassen. Er wird lediglich begrenzt durch die Vorstellung, daß die Ergebnisse künftiger wissenschaftlich-technischer Arbeit heutige Überlegungen gegenstandslos machen.

Eine strategische Konzeption wird von der Feststellung ausgehen können, daß Stahl, Beton und Holz auch für kommende Jahrhunderte die wichtigsten Massenwerkstoffe für die Konstruktion sein werden. Für die übrigen Werkstoffe, die z. T. Sonderwerkstoffcharakter haben, geben die vielfältigen Möglichkeiten der Werkstoffentwicklung, der Substitution und des Wechsels der Funktionsprinzipien die Möglichkeit, die anstehenden Aufgaben zu lösen.

Die Versorgung mit Energie hat ein besonderes Gewicht. Sie wird in den kommenden Jahrzehnten unter den Rohstoffproblemen an erster Stelle stehen und die Möglichkeiten der wirtschaftlichen Entwicklung bestimmen. Wie weit sich Luft und Wasser hinzugesellen werden — dies als Einfügung —, das wird wie die Lösung des gesamten Rohstoffproblems davon abhängen, ob eine den Einsichten und Notwendigkeiten entsprechende langfristige Politik betrieben werden kann. Die Arbeit des RGW ist besonders unter diesem Gesichtspunkt zu werten und zu würdigen. Das für die einzelnen Länder eingeleitete langfristige Vorausdenken künftiger wirtschaftlicher Entwicklungen als einem wesentlichen Ausgangspunkt der Ökonomie erhält dadurch eine sichere Grundlage. Daß daraus ein erfolgreiches weltweites Bemühen wird, mit dem allein für die gesamte Menschheit die Lösung gefunden werden kann, hat allerdings — dies sei nochmals unterstrichen — eins zur Voraussetzung: die Sicherung eines friedlichen Zusammenlebens aller Völker.

Literatur

[1] Wimpfen, S., Knorr, A., Vergleich der weltweiten Kupfer- und Aluminiumvorkommen mit der Nachfrage bis zum Jahr 2000. 8. Weltbergbaukongress, Lima 1974.

[2] Sies, W., Die NE-Metalle und das Wirtschaftswachstum, Lurgi-Information 3 (1977) 4.
[3] Lenin, W. I., Entwurf eines Plans wissenschaftlich-technischer Arbeiten, Werke Bd. 27, S. 312, Berlin 1960.
[4] Protokoll des IX. Parteitages der SED, Dietz-Verlag, Berlin, 1976, Bd. 2, S. 334 f.
[5] Meadows, D. et. al., Die Grenzen des Wachstums (Bericht Club of Rome), Deutsche Verlagsanstalt, Stuttgart 1972.
[6] Statistisches Jahrbuch der DDR 1977.
[7] Metallstatistik, 1950 bis 1976, Metallgesellschaft Frankfurt/Main.
[8] Uhlmann, Enzyklopädie der Technik, Bd. 7.
[9] World Energie Supplies 1950—1974, Statistical Papers, No. 19.
[10] Glückauf 114 (1978) 8, S. 330.
[11] Pressemitteilungen über die Metallmärkte 30. 11. 76 (nach US Bureau of Mines).
[12] Energietechnik 25 (1975) 2, S. 52.
[13] Kootz, Th., Lenzmann, K., Altgelt, A., Technisch wirtschaftliche Betrachtungen zu den Stahlherstellungsverfahren mit Ausblick auf die weitere Zukunft, Erzmetall 27 (1974) 12, S. 582—588.
[14] Carpenter, R. H., A review low—grade ore potential, Pergamon Press INC New York, Toronto (1976), S. 20.
Fettweis, G. B., Weltkohlevorräte. Eine vergleichende Analyse ihrer Erfassung und Bewertung, Verlag Glück Auf, Essen 1976.
[15] Horizont (1977) 18. Sonderbeilage, S. 20.
[16] Dorstewitz, E., Meeresbergbau auf Kobalt, Mangan und Nickel, Essen 1971.
[17] Brand, K.-H., Behrendt, H.-P., Erste Ergebnisse des Produktionsbetriebes bei der Anwendung des Verblaseprozesses zur Verarbeitung armer Zinnkonzentrate, Berg- und Hüttenmännischer Tag 1978, Freiberg.
Töpfer, E., Probleme der Aufbereitung feinverwachsener Kassiteriterze, Dissertation, Berlin 1971.
[18] Vgl. [4] S. 339.
[19] Lange, W., Männel, P., Freiberger Forschungshefte B 200, S. 7—19.
[20] Statistical Abstracts of the United States 1975, Washington 1976.
[21] Japan Statistical Jearbook 1975/76, Tokio.
[22] Statistisches Jahrbuch für die Bundesrepublik Deutschland 1976, Wiesbaden.
[23] Annaire Statistique de la France 1976, Paris.
[24] Materialien der Zentralstelle für Information der Chemischen Industrie der DDR, Berlin.
[25] Datenspeicher der Werkstoffverbrauchsentwicklung, IfL Dresden, 1970.
[26] Zeitschrift „Kunststoffe", Auswertung der Jahrgänge 1973 bis 1977.
[27] Zeitschrift „Plaste und Kautschuk", Auswertung der Jahrgänge 1973 bis 1977.
[28] Zeitung „Außenwirtschaft", Auswertung der Jahrgänge 1973 bis 1977.
[29] Stat. Jahrbuch für die Stahl- und Eisenindustrie 1976, Düsseldorf.
[30] Zeitung „Außenwirtschaft" 31. 8. 77, Ökonomische Daten wichtiger kapitalistischer Industrieländer.
[31] IfL-Mitteilungen 13 (1978) 9, S. 313—319.
[32] Meiner, Dissertation A, Bergakademie Freiberg 1978.

Kolibri 360 GmbH
Ferdinand-Jühlke-Straße 7
99095 Erfurt, Deutschland
produktsicherheit@kolibri360.de